MW00884666

Mi Primer Libro de Planetas

¡¡Vamos a aprender
algunas cosas increíbles
sobre el Espacio!!

¿QUÉ ES LA VÍA LÁCTEA?

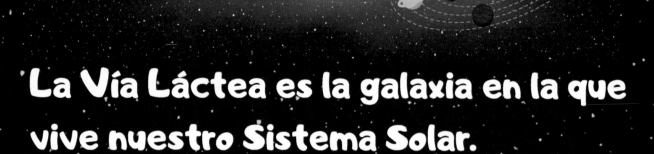

La Vía Láctea es la galaxia en la que vive nuestro Sistema Solar. Contiene cientos de miles de millones de estrellas (como el Sol), y algunas de estas estrellas tienen sus propios planetas que orbitan a su alrededor.

EL SISTEMA SOLAR

Nuestro Sistema Solar está formado por ocho planetas (9 con Plutón) que orbitan alrededor de nuestra estrella: el Sol.

TIERRA

Me llamo Tierra, pero también puedes llamarme Terra. Mi apodo es "El Planeta Azul", por el agua que llevo con tanto orgullo.

Soy el planeta en el que tú y todos los demás viven. Soy el único planeta (o, al menos, eso es lo que me dicen los científicos) que sostiene la vida, porque aquí no hace demasiado calor, ni demasiado frío, estoy a la distancia perfecta del Sol.

Tengo el oxígeno que respiras, el agua que bebes y los alimentos que comes. Eso es lo que te hace crecer sano y fuerte.

EL SOL

Me llamo Sol y soy la estrella más grande de nuestro Sistema Solar. Por eso no me cabe en esta página (¡es broma!).

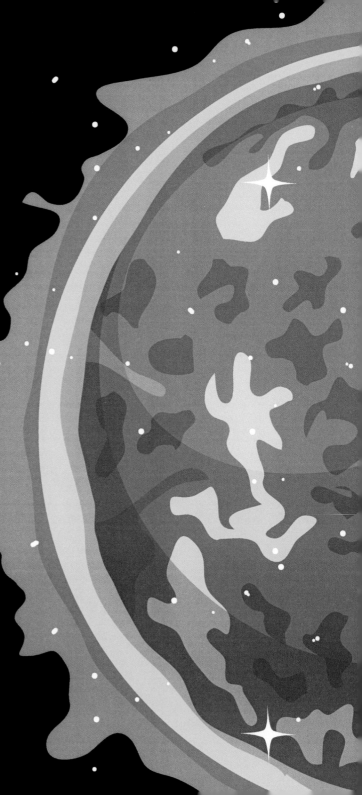

Mi lugar está en el centro del Sistema Solar. Hago el 99,86% de la masa del Sistema Solar. Mi luz te llega en unos 8 minutos.

MERCURIO

Me llamo Mercurio. Soy uno de los planetas más pequeños del Sistema Solar, siendo un poco más grande que la Luna.

Soy el más cercano al Sol. No tengo satélites ni sistemas de anillos.

VENUS

Me llamo Venus y soy el planeta más brillante del Sistema Solar y el segundo del Sol.

Tengo una superficie activa que incluye vulcanes. Giro más lentamente y en sentido contrario que la mayoria de los planetas.

La Tierra es mi vecina, probablemente por eso nos parecemos en su estructura y tamaño.

Venus

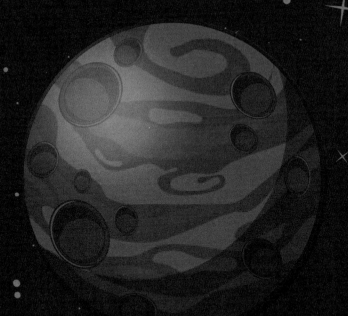

MARTE

Yo soy Marte, pero puedes llamarme "El Planeta Rojo". Soy el cuarto planeta desde el Sol, después de la Tierra.

Tengo la montaña más alta del Sistema Solar y un volcán llamado Olympus Mons. La gente dice que aquí podría ser habitable y que hubo 40 misiones desde la Tierra hacia mí, pero sólo 18 tuvieron éxito.

Las tormentas de polvo se consideran las más grandes de todo el Sistema Solar.

JÚPITER

Estoy cubierto de nubes y hecho de gas, siendo el quinto desde el Sol.

Mi punto rojo del que todo el mundo habla es una tormenta furiosa.

Llevo el nombre del dios romano Júpiter. Tengo 67 lunas y algunas de ellas son Europa, Ganímedes, Io y Calisto. También tengo anillos, pero son muy difíciles de ver.

SATURNO

Soy de color marrón. Mis anillos exteriores están hechos de polvo y trozos de hielo, y son extremadamente finos.

Soy la reina de las lunas, con un número de 82 lunas. Desde la Tierra, se me puede ver a simple vista. Soy un poco más plano que los demás planetas.

URANO

Soy de color azul. Los humanos me han llamado el planeta helado.

Soy el planeta más frío del Sistema Solar, las temperaturas alcanzan hasta -224 grados Celsius (-371.2°F). Puedo ser visto a simple vista desde la Tierra.

NEPTUNO

Soy de color azul, como Urano.

Tengo demasiadas tormentas en mi atmósfera. Tengo una gran mancha oscura del tamaño de la Tierra.

PLUTO

Yo era el planeta más pequeño del Sistema Solar. A veces me acerco al Sol para calentarme un poco.

Antes se me consideraba un planeta, pero ahora ya no lo soy, debido a mi tamaño. Me llaman planeta enano. Soy más pequeño que una luna, pero sigo considerándome el noveno planeta del Sistema Solar.

Pluto

LA LUNA

Soy el único satélite natural de la Tierra, que orbita alrededor de ella, igual que la Tierra orbita alrededor del Sol. Soy 4 veces más pequeño que la Tierra.

No soy brillante, reflejo la luz del Sol y a veces se ven diferentes formas de mí, porque estoy cubierto por la sombra de la Tierra. Las mareas del mar están influenciadas por mí.

El primer ser humano que pisó la Luna fue Neil Armstrong, en 1969.

ESTRELLAS

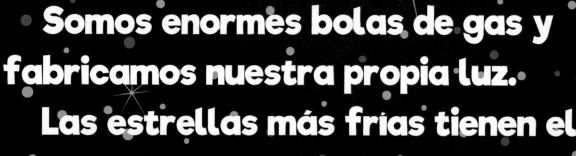

Somos enormes bolas de gas y fabricamos nuestra propia luz.

Las estrellas más frías tienen el color rojo y las más calientes el azul.

Brillamos en el cielo nocturno. Sólo se ven unas 6.000 estrellas, pero en esta galaxia somos más de 300.000 millones de estrellas.

Formamos grupos de estrellas que se llaman constelaciones.

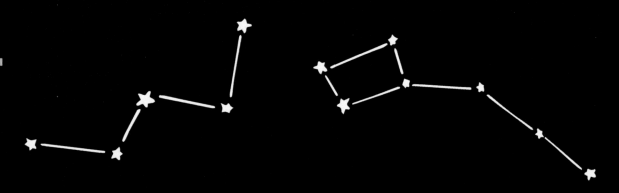

Cassiopeia   Andromeda

Ayuda al astronauta Liam a encontrar el camino hacia la nave espacial

Ayuda al astronauta Liam a encontrar el camino hacia la nave espacial

¿QUÉ HACE UN TRAJE ESPACIAL?

El escudo del casco protege a los astronautas de los rayos del sol.

La mochila contiene aire para que los astronautas puedan respirar.

El traje espacial mantiene a los astronautas a la temperatura adecuada.

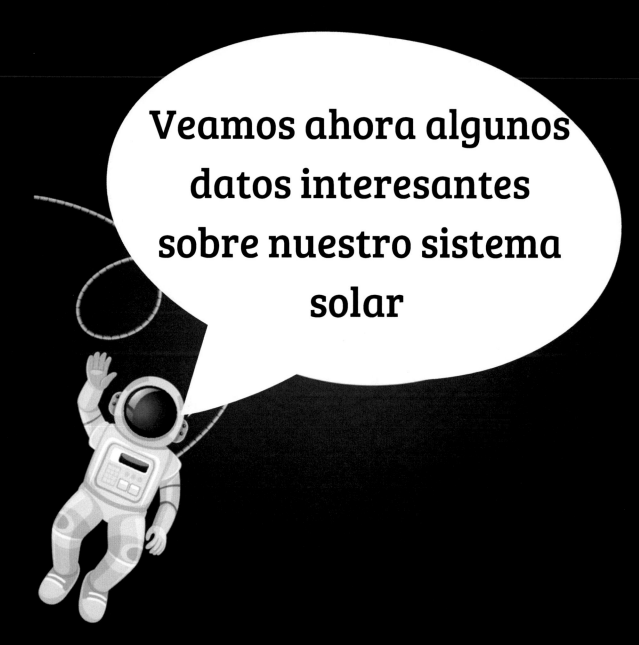

Nuestro sistema solar se formó hace 4.600 millones de años.

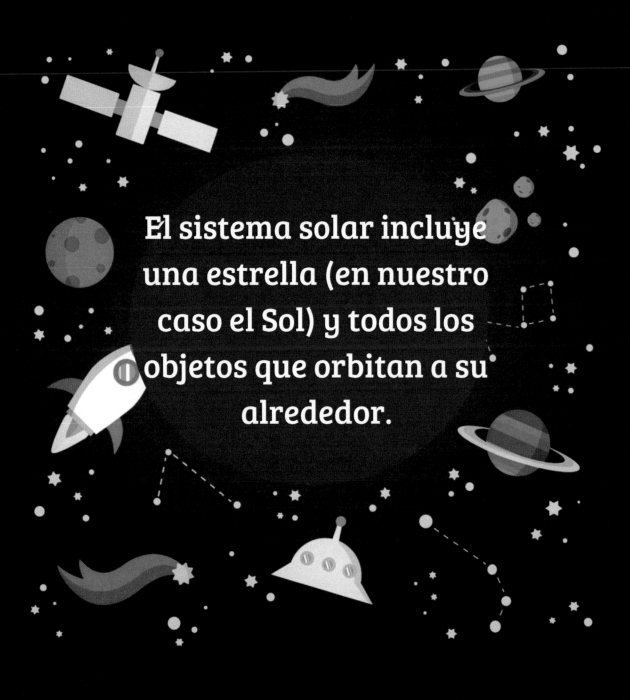

El sistema solar incluye una estrella (en nuestro caso el Sol) y todos los objetos que orbitan a su alrededor.

El año de Mercurio
dura 1 día y medio
en tiempo terrestre.
Aunque es el planeta
más cercano al Sol,
no es el más
caliente.

Venus debe su nombre a la diosa romana del amor. También se le llama "La estrella de la mañana/de la tarde", porque es la primera que aparece en el cielo por la noche y la primera que desaparece por la mañana.

La Tierra está compuesta en un 70% por agua.

El Sol mide unas 800.000 millas (más de 100 Tierras podrían caber en la cara del Sol)

Un año en Marte
son 320 días
terrestres.
Tiene 2 lunas,
Fobos y Deimos.

Júpiter es el planeta más grande y pesado de nuestro sistema solar.

Si pudiéramos meter
a Saturno en una
bañera, flotaría.

El día de Urano dura 17 horas y 14 minutos y gira alrededor del Sol en 84 años.

Neptuno gira alrededor del Sol en 165 años. Se le llama el Planeta del Viento.

COLOREAR LOS PLANETAS

¿Cuántos objetos iguales encuentras?

Conecta los puntos.

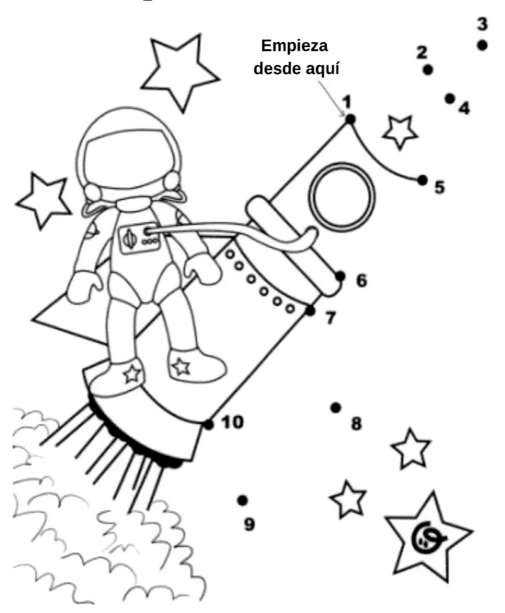

Empieza
desde aquí

Ayuda al Alien a llegar a su nave espacial

ENCONTRAR, CONTAR Y ESCRIBIR

Instrucciones: Cuenta y escribe el número total de cada elemento.

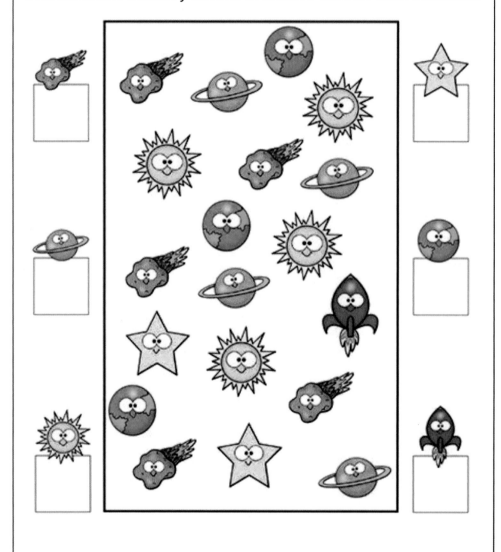

¡Gracias!

Esperamos que haya disfrutado de nuestro libro.

Como pequeña empresa familiar, su opinión es muy importante para nosotros.

Por favor, háganos saber qué le parece nuestro libro en una reseña en amazon o en:

wallstersbookshelf@gmail.com

 Wallster's Book Shelf

 @wallstersbookshelf

Made in the USA
Coppell, TX
25 November 2024

40985518R00036